Impressum
Verlag: BABADADA GmbH, Nedderfeld 112 , 22529 Hamburg
Geschäftsführer / Verlagsleitung: Harald Hof
Druck: Books on Demand GmbH, In de Tarpen 42, 22848 Norderstedt

Imprint
Publisher: BABADADA GmbH, Nedderfeld 112 , 22529 Hamburg, Germany
Managing Director / Publishing direction: Harald Hof
Print: Books on Demand GmbH, In de Tarpen 42, 22848 Norderstedt, Germany

škola
shkolla

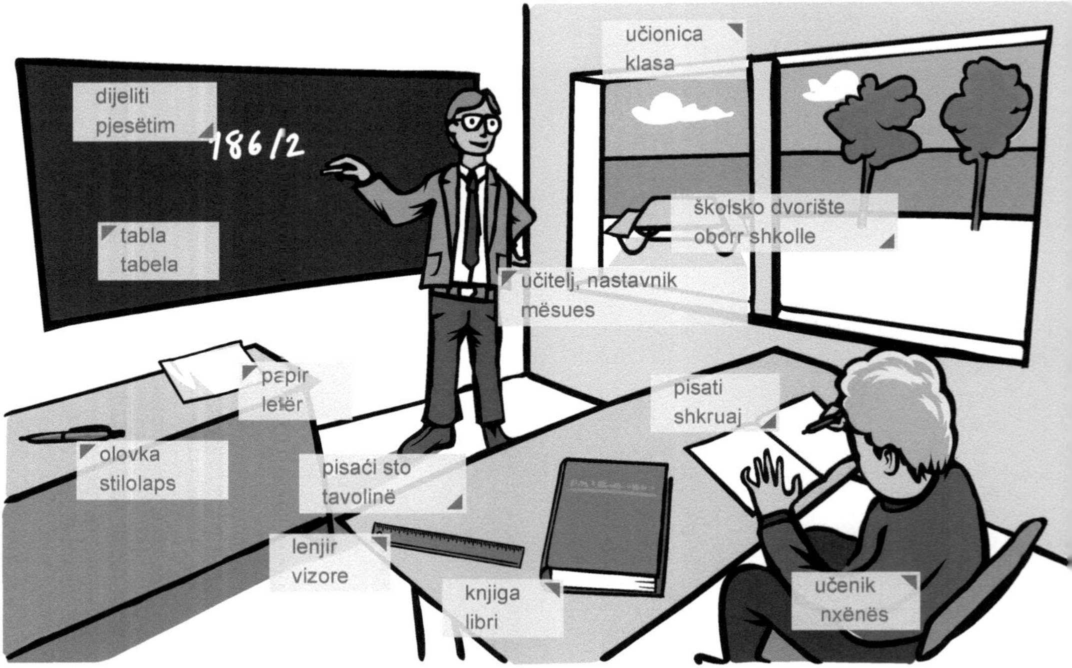
učionica
klasa
dijeliti
pjesëtim
186/2
tabla
tabela
školsko dvorište
oborr shkolle
učitelj, nastavnik
mësues
papir
letër
pisati
shkruaj
olovka
stilolaps
pisaći sto
tavolinë
lenjir
vizore
knjiga
libri
učenik
nxënës

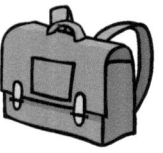

torba
çantë

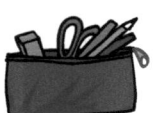

pernica
mbajtëse lapsash

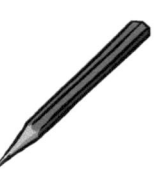

drvena olovka
laps

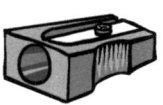

šiljalo za olovke
mprehës lapsash

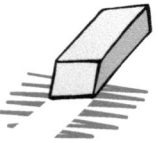

gumica
gomë

blok za crtanje
fletore vizatimi

crtež
vizatim

kist
penel

kutija s bojama
kuti bojërash

makaze
gërshërë

ljepilo
ngjitës

vježbanka
fletore detyrash

domaća zadaća
detyrë shtëpie

broj
numër

2+2

sabirati
mbledh

5-2

oduzimati
zbres

množiti
shumëzoj

računati
llogaris

A

slovo
gërmë

ABCDEFG
HIJKLMN
OPQRSTU
VWXYZ

abeceda
alfabeti

riječ
fjalë

tekst

tekst

čitati

lexoj

kreda

shkumës

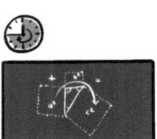

sat

mësim

školski dnevnik

regjistër

ispit

provim

svjedočanstvo

çertifikatë

školska uniforma

uniformë shkolle

izobrazba

arsimim

leksikon

enciklopedia

univerzitet

universitet

mikroskop

mikroskop

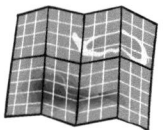

karta

hartë

korpa za papir

kosh letrash

putovanje
udhëtim

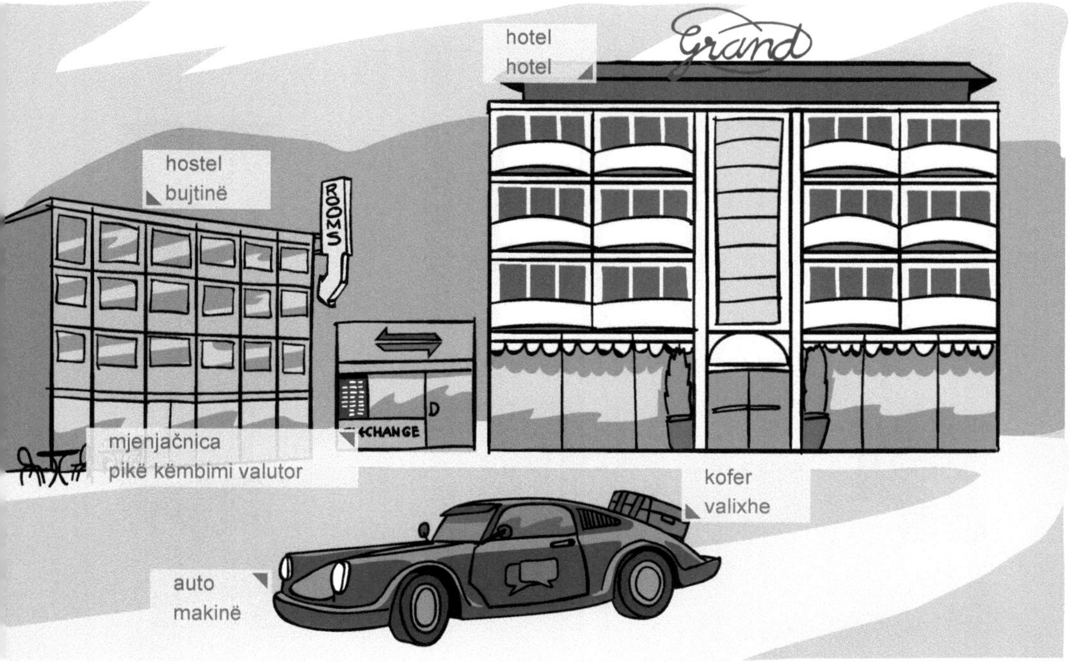
hotel
hotel
Grand
hostel
bujtinë
ROOMS
mjenjačnica
pikë këmbimi valutor
EXCHANGE
kofer
valixhe
auto
makinë

jezik

gjuhë

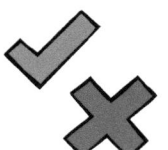

da / ne

po / jo

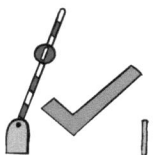

okej

Në rregull

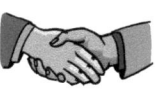

zdravo

ç'kemi

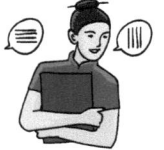

tumač

përkthyes

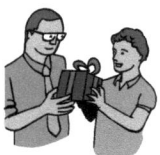

hvala

Faleminderit

Koliko košta...?

sa kushton...?

Ne razumijem

nuk e kuptoj

problem

problem

dobro veče!

Mirëmbrëma!

Dobro jutro!

Mirëmëngjes!

Laku noć!

Natën e mirë!

doviđenja

mirupafshim

smjer

drejtim

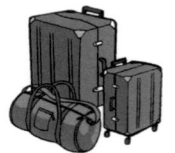

prtljag

bagazhet

torba

çantë

ruksak

çantë shpine

gost

mysafir

soba

dhomë

vreća za spavanje

thes gjumi

šator

tendë

turističke informacije
informacion për turistët

plaža
plazh

kreditna kartica
kartë krediti

doručak
mëngjes

ručak
drekë

večera
darkë

putna karta
Biletë

lift
ashensor

poštanska markica
pulla

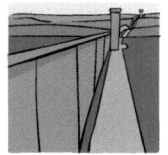

granica
kufi

carina
doganë

ambasada
ambasadë

viza
vizë

pasoš
pasaportë

transport
transport

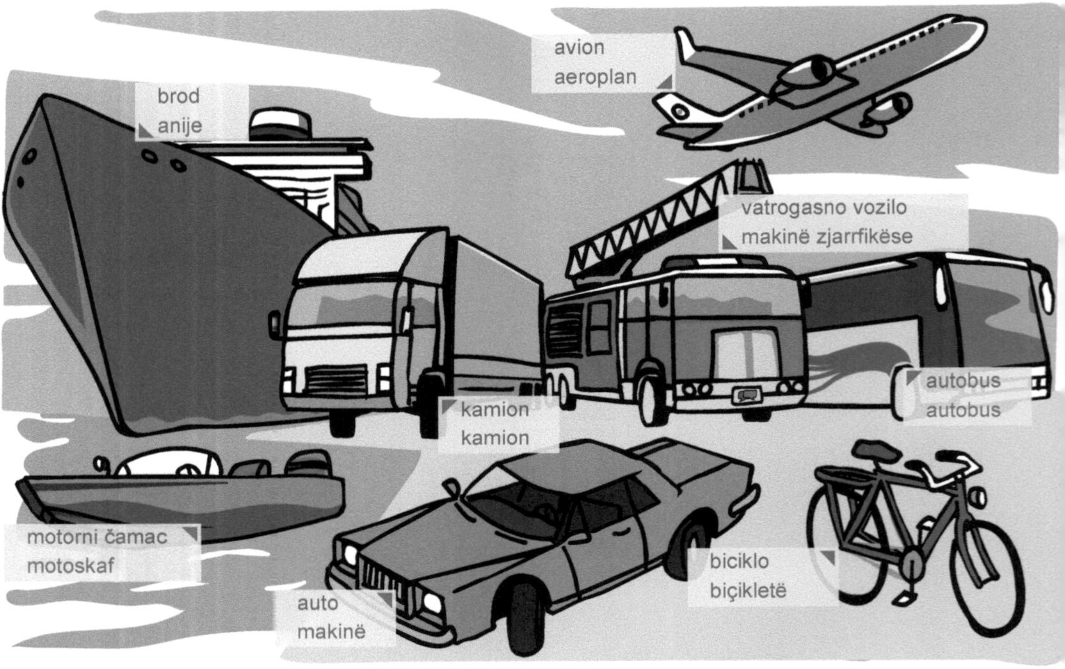
avion
aeroplan
brod
anije
vatrogasno vozilo
makinë zjarrfikëse
autobus
autobus
kamion
kamion
motorni čamac
motoskaf
biciklo
biçikletë
auto
makinë

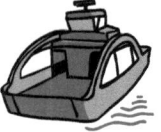

trajekt

traget

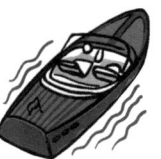

brod

varkë

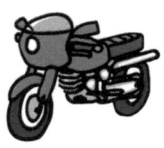

motocikl

motoçikletë

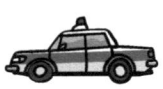

policijski automobil

makinë policie

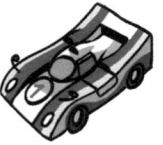

trkaći automobil

makinë garash

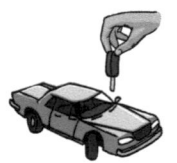

unajmljeni automobil

makinë me qira

kar-šering

ndarje e qirasë së makinës

pauk

karroatrec

smećarsko vozilo

makinë plehrash

motor

motor

gorivo

benzinë

benzinska pumpa

pikë karburanti

saobraćajni znak

sinjalistikë trafiku

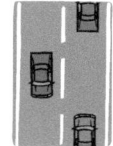

saobraćaj

trafik

zastoj

bllokim trafiku

parking

parkim makinash

željeznička stanica

stacion treni

šine

trase

voz

tren

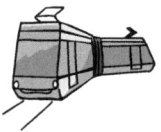

tramvaj

tramvaj

vagon

karro

transport - transport

helikopter
helikopter

aerodrom
aeroport

toranj
kullë

putnik
pasagjer

kontejner
kontenier

karton
kuti kartoni

tačke
qerre

korpa
shportë

poletjeti / sletjeti
ngrihem / ulem

grad

qytet

selo
fshat

centar grada
qendra e qytetit

kuća
shtëpi

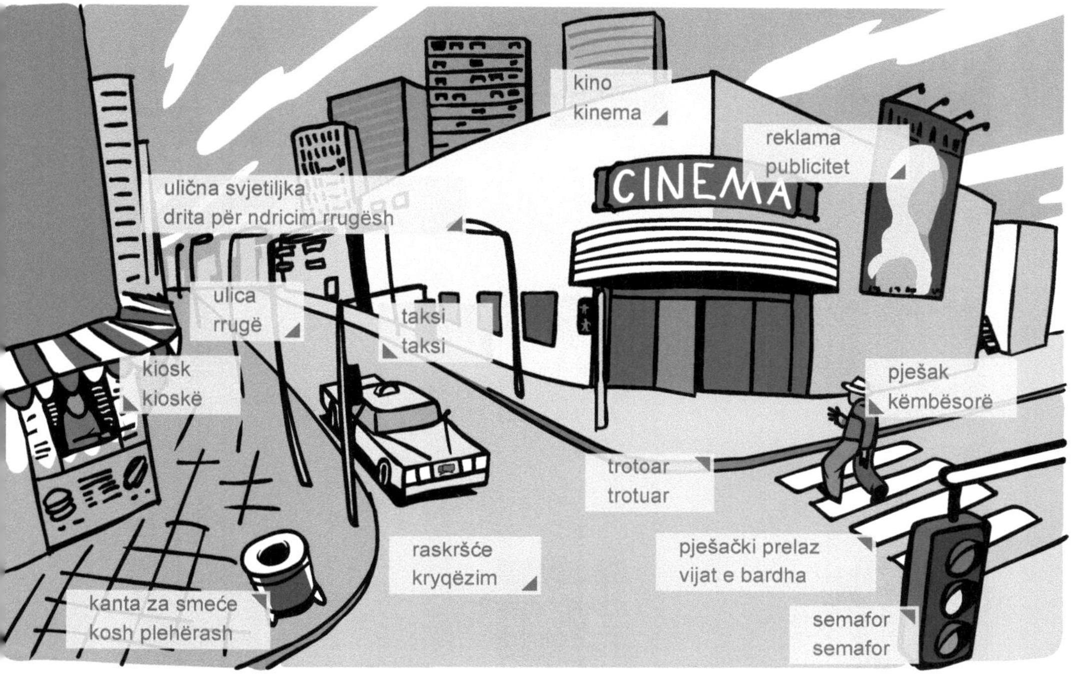

kino
kinema

reklama
publicitet

ulična svjetiljka
drita për ndricim rrugësh

CINEMA

ulica
rrugë

taksi
taksi

kiosk
kioskë

pješak
këmbësorë

trotoar
trotuar

raskršće
kryqëzim

pješački prelaz
vijat e bardha

kanta za smeće
kosh plehërash

semafor
semafor

koliba

kasolle

stan

apartament

željeznička stanica

stacion treni

vjećnica

bashki

muzej

muze

škola

shkolla

grad - qytet

11

univerzitet

universitet

banka

bankë

bolnica

spital

hotel

hotel

apoteka

farmaci

ured

zyrë

knjižara

librari

radnja

dyqan

cvjećara

dyqan lulesh

supermarket

supermarket

pijaca

market

robna kuća

mapo

prodavač ribe

dyqan peshku

trgovački centar

qëndër tregtare

luka

port

park
park

klupa
stol

most
urë

stepenice
shkallë

podzemna željeznica
metro

tunel
tunel

autobuska stanica
stacion autobuzi

bar
bar

restoran
restorant

poštanski sandučić
kuti postare

saobraćajni znak
sinjalistikë rrugore

sat za naplatu parkinga
kohëmatës parkimi

zoološki vrt
kopsht zoologjik

bazen
pishinë

džamija
xhami

seosko imanje

fermë

zagađenje okoline

ndotje

groblje

varrezë

crkva

kishë

igralište

shesh lojërash

hram

tempull

krajolik
peisazh

list
gjethe

putokaz
tabela orientuese

putokaz
rrugë

livada
livadh

kamen
gurë

drvo
pemë

putnik
ekskursionist

rijeka
lumë

trava
bar

cvijet
lule

dolina

luginë

brdo

kodër

jezero

liqen

šuma

pyll

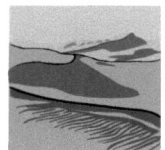

pustinja

shkretëtirë

vulkan

vullkan

dvorac

kështjellë

duga

ylber

gljiva

kepudhë

palma

palmë

komarac

mushkonjë

muha

mizë

mrav

milingonë

pčela

bletë

pauk

merimangë

buba

brumbull

žaba

bretkosë

vjeverica

ketër

jež

iriq

zec

lepur

sova

buf

ptica

zog

labud

mjellmë

divlja svinja

derr i egër

jelen

dre

los

dre brilopatë

brana

digë

vjetrenjača

turbinë ere

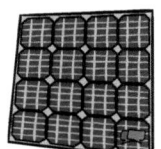

solarni modul

panel diellor

klima

klimë

restoran
restorant

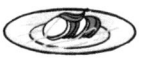

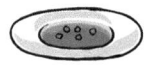

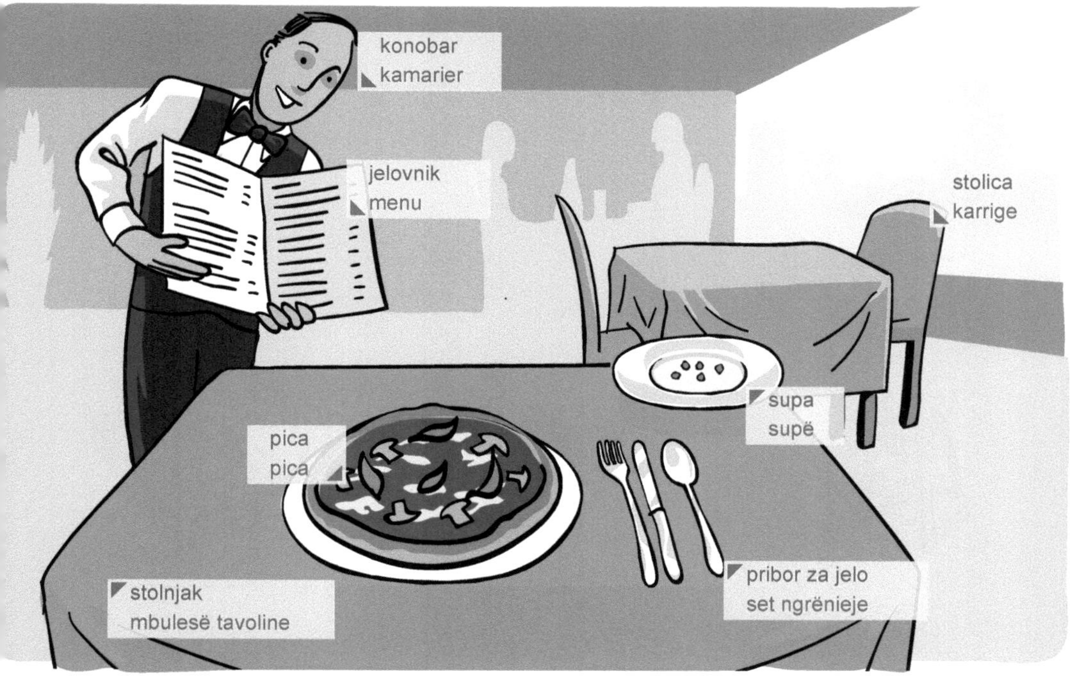
konobar
kamarier
jelovnik
menu
stolica
karrige
supa
supë
pica
pica
pribor za jelo
set ngrënieje
stolnjak
mbulesë tavoline

predjelo

pjatë e parë

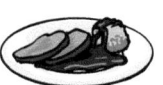

glavno jelo

pjatë kryesore

desert

ëmbëlsirë

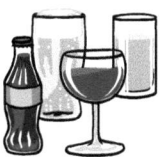

piće

pije

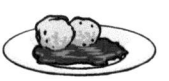

jelo

ushqim

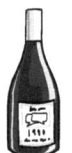

flaša

shishe

brza hrana
ushqim i shpejtë

jelo sa ulice
ushqim i shërbyer në rrugë

čajnik
ibrik çaji

šećernica
kuti sheqeri

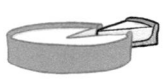

porcija
racion

mašina za espreso
makinë kafeje ekspres

barska stolica
karrige e lartë

račun
faturë

tacna
tabaka

nož
thika

viljuška
pirun

kašika
lugë

kašičica
lugë çaji

salveta
pecetë

čaša
gotë

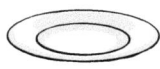

tanjir

pjatë

tanjir za supu

pjatë supe

tanjurić

pjatë filxhani

sos

salcë

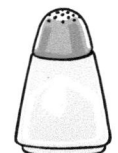

solanik

mbajtëse kripe

mlin za biber

mulli piperi

sirće

uthull

ulje

vaj

začini

erëza

kečap

keçap

senf

mustardë

majoneza

majonezë

ponuda
ofertë speciale

klijent
klient

mliječni proizvodi
produkte bulmeti

FOR

voće
frut

kolica za kupovnu
karrocë pazari

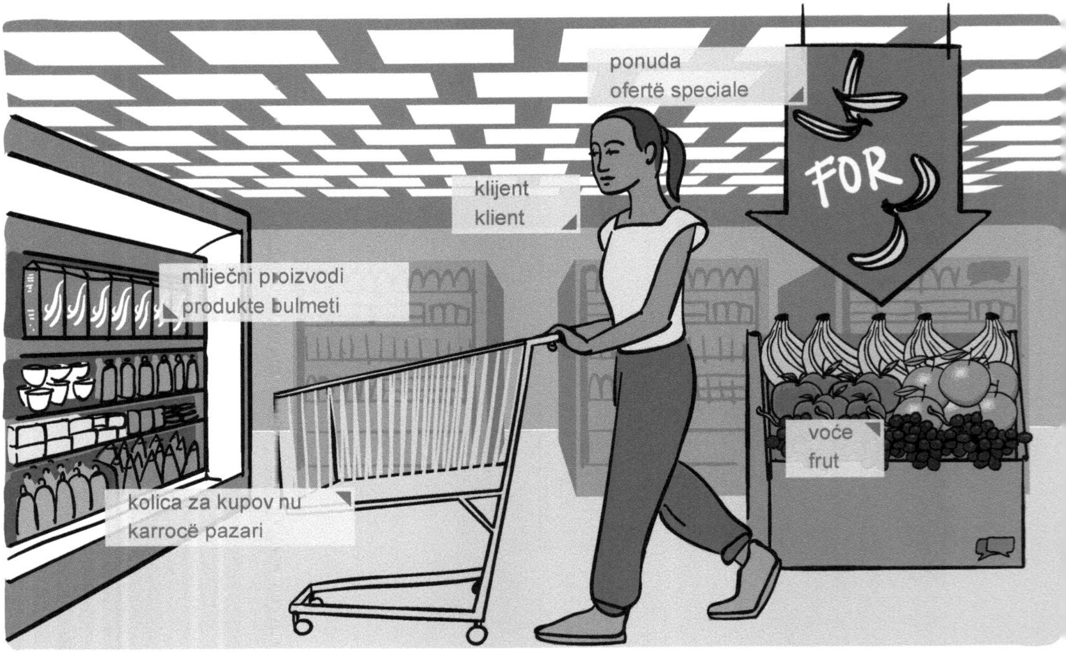

mesnica- klaonica

dyqan mishi

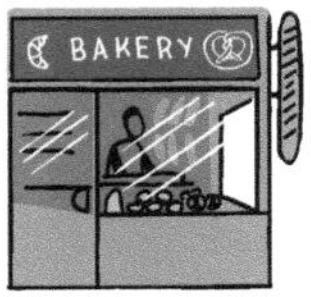

pekara

furrë buke

vagati

peshoj

povrće

perime

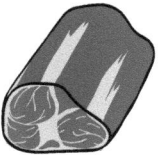

meso

mish

zaleđena hrana

ushqim i ngrirë

narezak
copë

konzerve
ushqim i konservuar

prašak za veš
pluhur larës

slatkiši
ëmbëlsirat

kućanski proizvodi
prodhime shtëpie

sredstvo za čišćenje
produkte pastrimi

prodavačica
shitëse

kasa
kasë fiskale

blagajnik
arkëtar

lista za kupovinu
listë blerjeje

radno vrijeme
oraret e punës

novčanik
portofol

kreditna kartica
kartë krediti

torba
çantë

najlonska vrećica
qese plastike

voda

ujë

sok

lëng frutash

mlijeko

qumësht

kola

koka-kola

vino

verë

pivo

birrë

alkohol

alkool

kakao

kakao

čaj

çaj

kafa

kafe

espreso

kafe ekspres

kapućino

kapuçino

banana

banane

jabuka

mollë

narandža

portokalle

lubenica

pjepër

limun

limon

mrkva

karrotë

bijeli luk

hudhër

bambus

bambu

crveni luk

qepë

gljiva

kërpudha

orašasti plodovi

arra

pasta

makarona

špagete

spageti

riža

oriz

salata

sallatë

pomfrit

patate të skuqura

pečeni krompir

patate të skuqura

pica

pica

hamburger

hamburger

sendvič

sanduiç

šnicla

shnicel

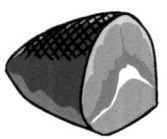

šunka

proshutë

kobasica

sallam

kobasica

salçiçe

kokoš

pulë

pečenje

skuq

riba

peshk

zobene pahuljice

tërshërë

muzli

drithëra

kornfleks

kornfleiks

brašno

miell

kroason

kruasant

zemičke

panine

kruh

bukë

tost

tost

keksi

biskotë

maslac

gjalp

svježi sir

gjizë

kolač

tortë

jaje

vezë

jaje na oko

vezë sy

sir

djathë

sladoled

akullore

šećer

sheqer

med

mjaltë

marmelada

marmaladë

nugat krema

çokokrem

kuri

këri

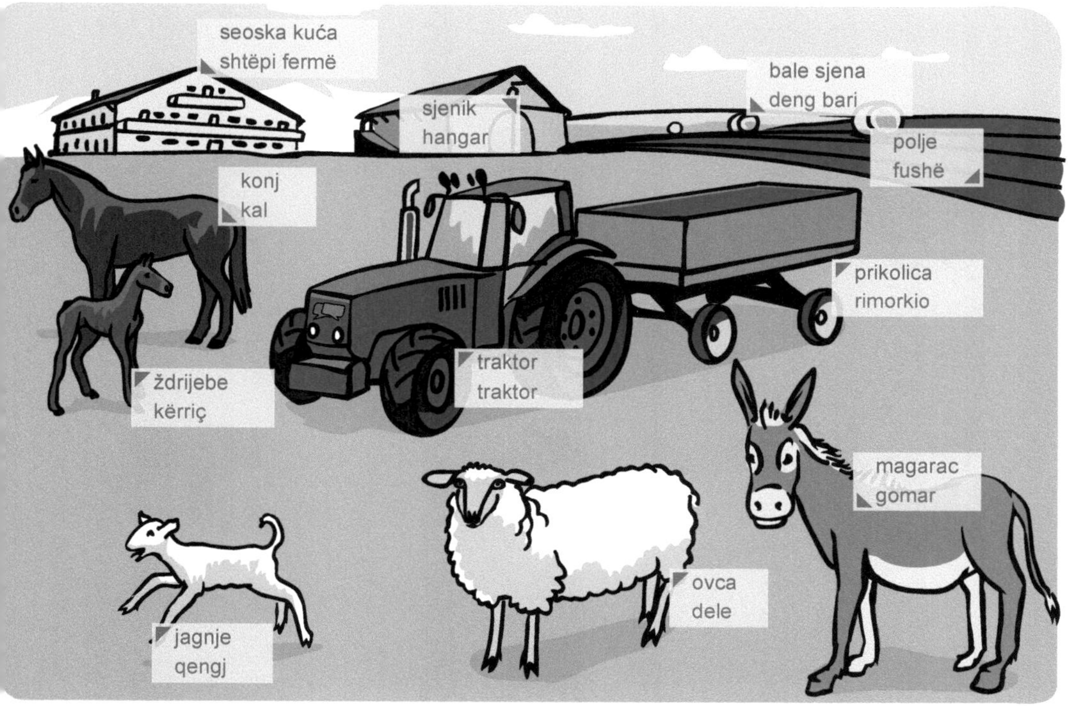

seoska kuća
shtëpi fermë

sjenik
hangar

bale sjena
deng bari

polje
fushë

konj
kal

prikolica
rimorkio

ždrijebe
kërriç

traktor
traktor

magarac
gomar

jagnje
qengj

ovca
dele

koza
....
dhi

krava
....
lopë

tele
....
viç

svinja
....
derr

prase
....
derrkuc

bik
....
dem

guska
....
patë

patka
....
rosë

pile
....
zog pule

kokoška
....
pulë

pjetao
....
gjel

pacov
....
mi

mačka
....
mace

miš
....
mi

vol
....
buall

pas
....
qen

pseća kućica
....
kolibe qeni

crijevo za baštu
....
zorrë vaditëse

kanta za zalijevanje
....
vaditëse

kosa
....
kosë

plug
....
plug

srp
drapër

motika
shat

vile
kosa

sjekira
sëpatë

tačke
karrocë

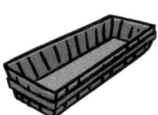

korito
govatë

bokal za mlijeko
bidon qumështi

vreća
thes

ograda
gardh

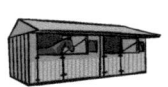

štala
ahur

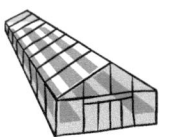

staklenik
serë

tlo
dhe

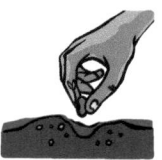

sjeme
farë

đubrivo
pleh

kombajn
autokombanjë

kositi
korr

žetva
te korrat

jam korijen
patate e ëmbël "Yam"

pšenica
grurë

soja
soja

krompir
patate

kukuruz
misër

uljana repica
raps

drvo voća
pemë frutore

manioka
zhardhok manioku

žito
drithëra

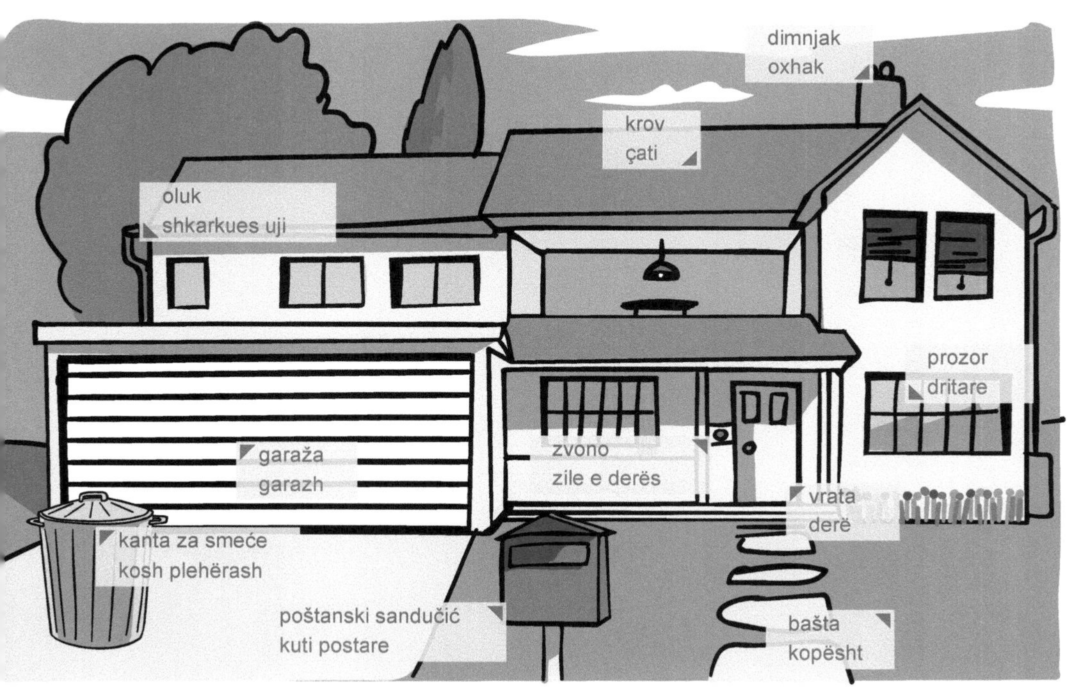

dimnjak
oxhak

krov
çati

oluk
shkarkues uji

prozor
dritare

garaža
garazh

zvono
zile e derës

vrata
derë

kanta za smeće
kosh plehërash

poštanski sandučić
kuti postare

bašta
kopësht

dnevni boravak
dhomë ndenjeje

kupatilo
tualet

kuhinja
kuzhinë

spavaća soba
dhomë gjumi

dječija soba
dhomë fëmijësh

trpezarija
dhomë ngrënieje

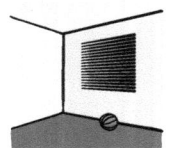

pod, tlo
dysheme

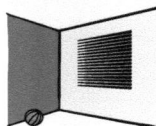

zid
mur

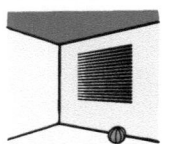

plafon
tavan

podrum
bodrum

sauna
sauna

balkon
ballkon

terasa
tarracë

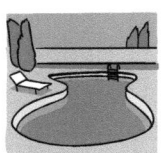

bazen
pishinë

kosilica
kositëse bari

posteljina
çarçaf

pokrivač
kuvertë

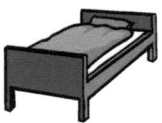

krevet
krevat

metla
fshesë dore

kanta
kovë

prekidač
çelës

dnevni boravak

dhomë ndenjeje

tapeta
tapiceri
fotografija
fotografi
lampa
llambë
polica
raft
ormar
dollap
televizija
pajisje televizive
dimnjak
vatër
cvijet
lule
jastuk
jastëk
kauč
divan
vaza
vazo
daljinski upravljač
telekomandë

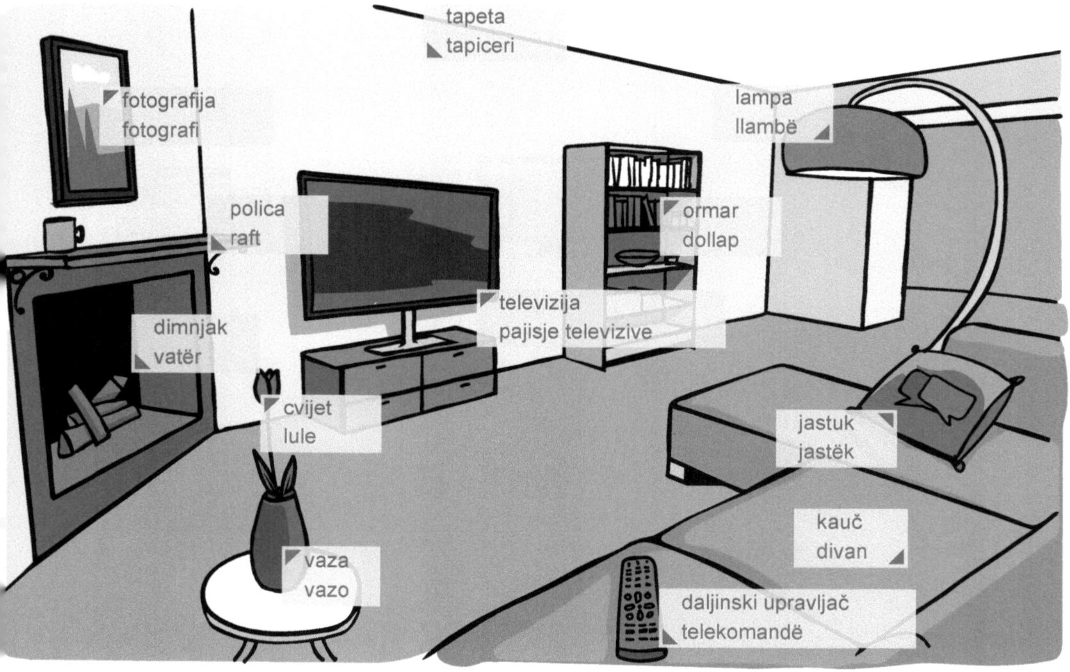

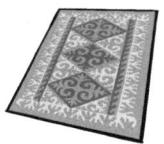

tepih

qilim

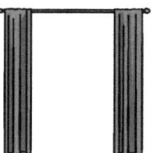

zavjesa

perde

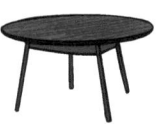

stol

tavolinë

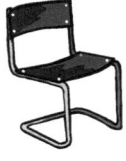

stolica

karrige

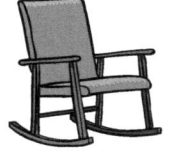

stolica za ljuljanje

karrige lëkundëse

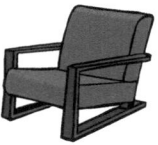

fotelja

kolltuk

knjiga

libri

deka

batanije

dekoracija

zbukurime

ložno drvo

dru zjarri

film

film

stereo uređaj

stereo

ključ

çelës

novine

gazetë

umjetnička slika

pikturë

poster

afishe

radio

radio

blok za bilješke

bllok shënimesh

usisavač

fshesë me korent

kaktus

kaktus

svijeća

qiri

kuhinja
kuzhinë

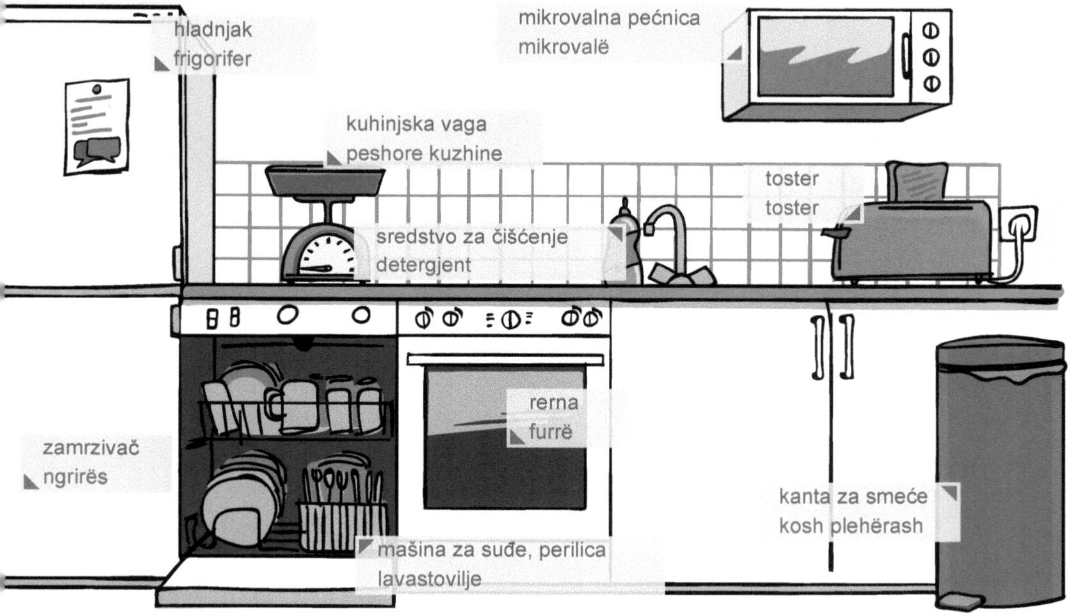
hladnjak
frigorifer
mikrovalna pećnica
mikrovalë
kuhinjska vaga
peshore kuzhine
toster
toster
sredstvo za čišćenje
detergjent
rerna
furrë
zamrzivač
ngrirës
kanta za smeće
kosh plehërash
mašina za suđe, perilica
lavastovilje

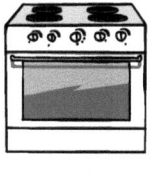

peć

sobë

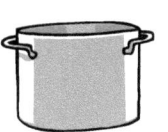

lonac

tenxhere

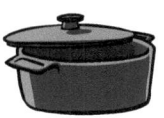

metalni lonac

tenxhere me kapak

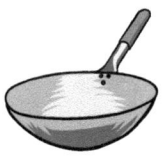

vok / kadai

tigan special (Wok)

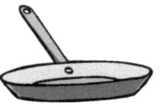

tava, tiganj

tigan

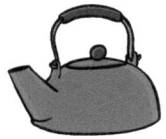

kuhalo

çajnik

aparat za kuhanje na pari

tenxhere me avull

lim za pečenje

tavë pjekjeje

posuđe

enë

šalica

filxhan

činija

tas

kineski štapići

shkopinj

kutlača

garuzhde

lopatica

spatul

metlica za snijeg bjelanjca

tel kuzhine

sito za kuhanje

kulluese

sito

sitë

ribež

rende

avan s tučkom

havan

roštilj

skarë

ložište

zjarr

daska

dërrasë për prerje

oklagija

okllai

vadičep

heqëse tapash

konzerva

kanaçe

otvarač za konzerve

hapëse kanaçeje

krpe za lonac

rrobë për të kapur
tenxheren

sudoper

lavaman

četka

furçë

spužva

sfungjer

mikser

përzjerës

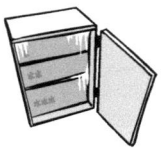

zamrzivač

ngrirës

flašica za bebu

biberon për lëngje

slavina

rubinet

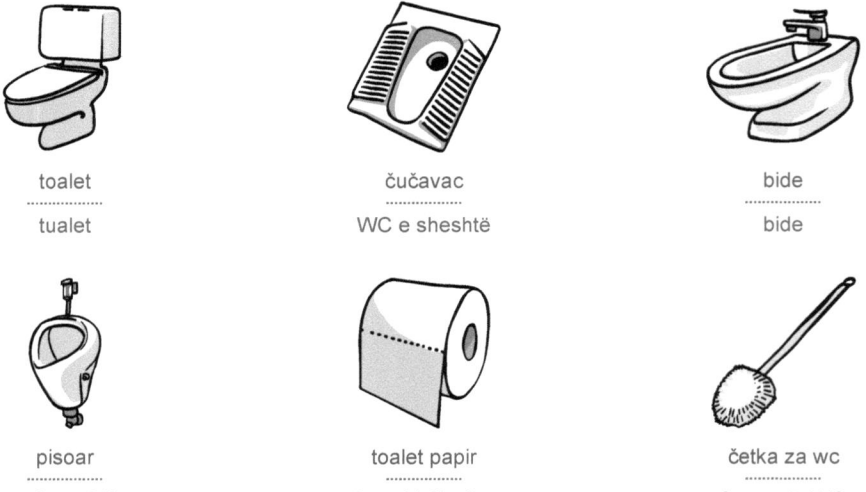

kupatilo
tualet

grijanje
ngrohje
peškir
peshqirë
tuš
dush
zavjesa za tuš
perde dushi
pjenušava kupka
vaskë me shkumë
kada
vaskë
čaša
gotë
mašina za veš
lavatriçe
slavina
rubinet
pločice
pllaka
dječja kahlica
oturak
sudoper
lavaman

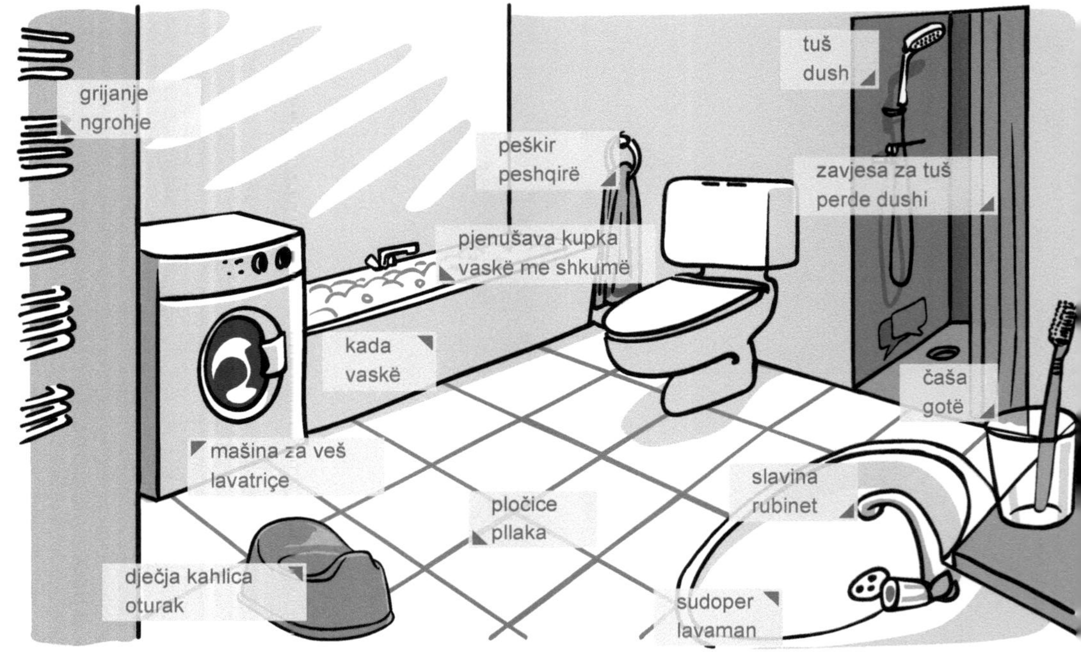

toalet

tualet

čučavac

WC e sheshtë

bide

bide

pisoar

tualet publik

toalet papir

letër higjienike

četka za wc

furçe për WC

četkica za zube

furçë dhëmbësh

pasta za zube

pastë dhëmbësh

zubni konac

fije dentare

prati

laj

tuš

dorezë dushi

intimni tuš

larës për zonën intime

lavor

legen

četka za leđa

furçë për masazh shpine

sapun

sapun

gel za tuširanje

shampo trupi

šampon

shampo

krpe za pranje

leckë pastruese

odvod

kullues

krema

krem

dezodorans

antidjersë

ogledalo

pasqyrë

ogledalo za šminkanje

pasqyrë dore

brijač

brisk rroje

pjena za brijanje

shkumë rroje

vodica poslije brijanja

locion pas rrojes

češalj

krehër

četka

furçë

fen

tharëse flokësh

sprej za kosu

llak për flokët

puder

grim

karmin

buzëkuq

lak za nokte

manikyr

vata

mbushje pambuku

makazice za nokte

gërshërë për thonj

parfem

parfum

kozmetička torbica

çantë për sendet personale

hoklica

Stol

vaga

peshore

kupaći ogrtač

robëdëshambër

rukavice za čišćenje

dorashka gome

tampon

tampon

uložak za dame

peceta higjienike

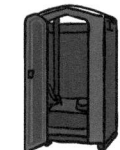

hemijski toalet

tualet I lëvizshëm

dječija soba
dhomë fëmijësh

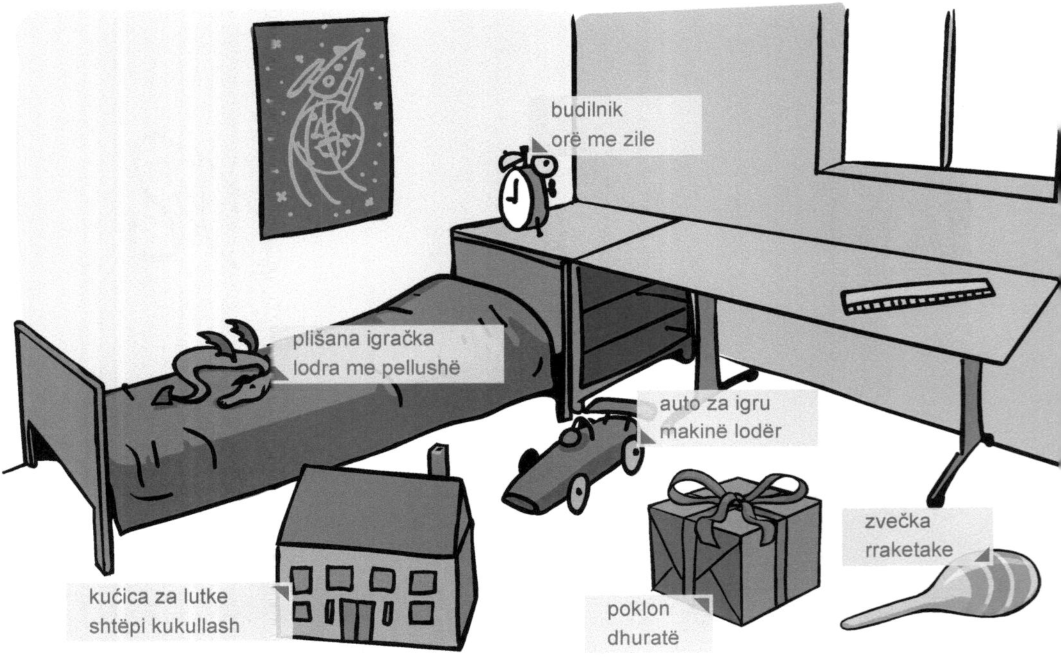
budilnik
orë me zile
plišana igračka
lodra me pellushë
auto za igru
makinë lodër
zvečka
rraketake
kućica za lutke
shtëpi kukullash
poklon
dhuratë

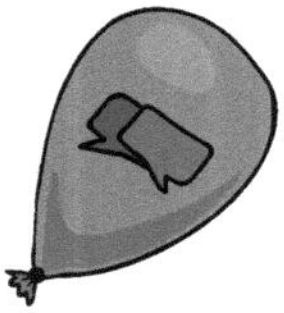

balon

tollumbace

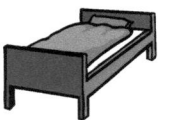

krevet

krevat

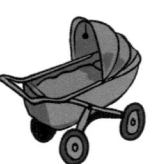

kolica za djecu

karrocë fëmijësh

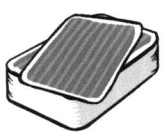

karte za igranje

lojë me letra

puzle

bashkim pjesësh me figura

SUPER
MEGA

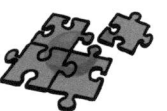

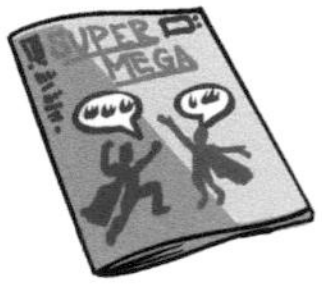

strip

komik

lego kockice

formuese lodër

kockice za gradnju

kuba plastikë

akcione figure

lodra

benkica

badi

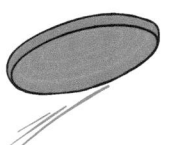

frizbi

frizbi

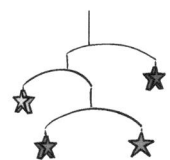

mobile

lodra të varura tek krevati i fëmijëve

igra na ploči

tavolinë lojërash

kocka

zare

miniatura željeznice

model treni

cucla

biberon

zabava

festë

slikovnica

libër me ilustrime

lopta

top

lutka

kukull

igrati

luaj

pješćanik

grumbull rëre

ljuljačka

kolovarëse

igračke

lodra

konzola za igru

leva për lojra video

triciklo

triçikël

medvjedić

arush prej pellushi

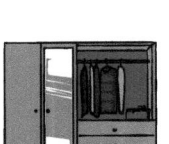

ormar

garderobë

odjeća

veshje

kratke čarape

çorape

čarape

çorape të gjata

hulahopke

geta

šal
shall

kaiš
rrip

kišobran
çadër

majica kratkih rukava
bluzë pa jakë

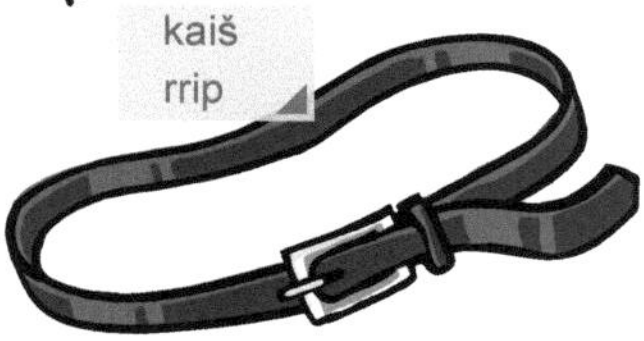

patike
atlete

čizme
çizme

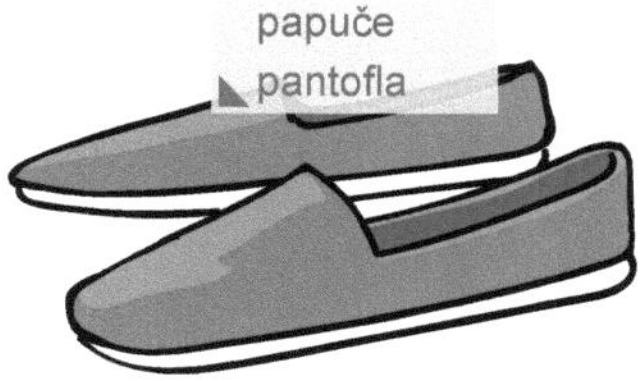

papuče
pantofla

sandale
sandale

cipele
këpucë

gumene čizme
çizme llastiku

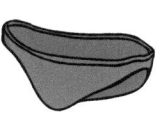

gaće
të mbathura

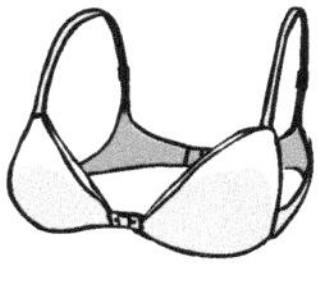

grudnjak
reçipeta

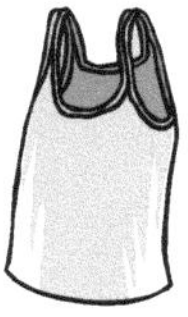

potkošulja
kanotierë

bodi
trup

hlače
pantallona

farmerke
xhinse

suknja
fund

bluza
bluzë

košulja
këmishë

džemper
pulovër

majica
triko

sako
xhaketë

jakna
xhaketë

mantil
pallto

kišni mantil
mushama shiu

kostim
kostum

haljina
fustan

vjenčanica
fustan nusërie

odijelo

kostum

spavaćica

këmishë nate

pidžama

pizhama

sari

sari (veshje tradicionale indiane)

marama

shami koke

turban

çallmë

burka

veshje për femrat e besimit musliman

kaftan

kaftan (lloj veshjeje tradicionale)

abaja

ferexhe

kupaći kostim

kostum banje

kupaće gaće

rroba banje

kratke hlače

pantallona të shkurtra

trenerka

tuta sporti

pregača

përparëse

rukavice

dorashka

odjeća - veshje

dugme

kopsë

naočare

syze

narukvica

byzylyk

ogrlica

gjerdan

prsten

unazë

naušnica

vath

kapa

kapuç

vješalica

varëse për pallto

šešir

kapele

kravata

kravatë

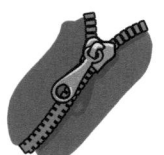

patentni zatvarač

zinxhir

kaciga

helmetë

tregeri za hlače

tiranda

školska uniforma

uniformë shkolle

uniforma

uniformë

podbradak

gushore

cucla

biberon

pelene

pelenë

ured
zyrë

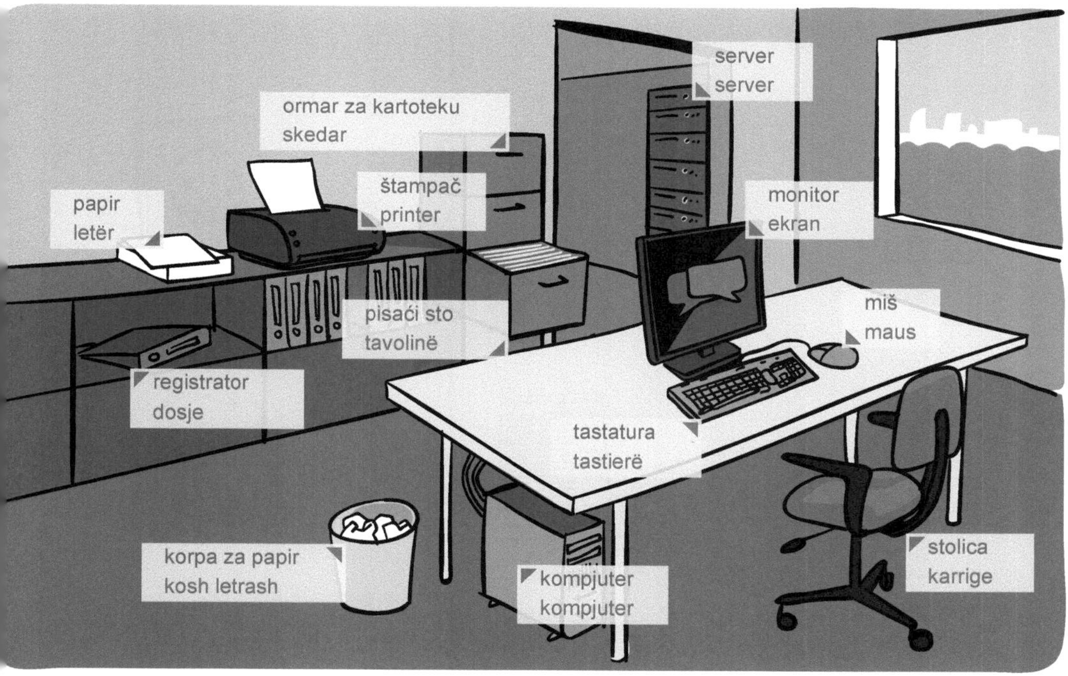

server
server

ormar za kartoteku
skedar

štampač
printer

papir
letër

monitor
ekran

pisaći sto
tavolinë

miš
maus

registrator
dosje

tastatura
tastierë

korpa za papir
kosh letrash

stolica
karrige

kompjuter
kompjuter

šolja za kafu

filxhan kafeje

kalkulator

makinë llogaritëse

internet

internet

laptop

kompjuter portativ

pismo

letër

poruka

mesazh

mobilni telefon

telefon

mreža

rrjet

aparat za kopiranje

fotokopje

softver

program

telefon

telefon

utičnica

prizë

faks

pajisje faksi

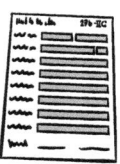

formular

formular

dokument

dokument

kupovati

blej

platiti

paguaj

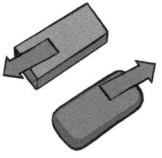

trgovati

tregtoj

novac

para

USD

dolar

dollar

EUR

euro

euro

JPY

jen

jen

RUB

rublja

rubla

CHF

franak

franga zvicerane

CNY

renminbi jen

juani kinez

INR

rupi

rupje

bankomat

bankomat

mjenjačnica

pikë këmbimi valutor

zlato

ar

srebro

argjend

nafta

nafta

energija

energji

cijena

çmim

ugovor

kontratë

porez

taksë

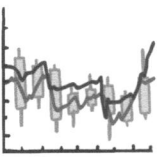

akcija

aksione

raditi

punoj

službenik

punonjës

poslodavac

punëdhënës

fabrika

fabrikë

radnja

dyqan

ekonomija - ekonomi

zanimanja
profesionet

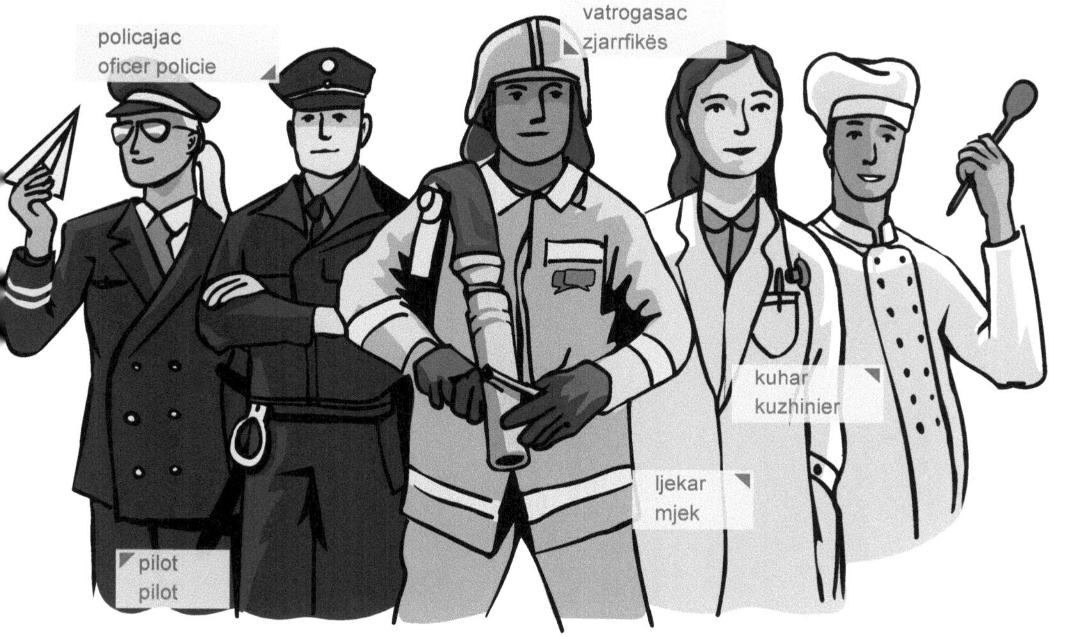
policajac
oficer policie
vatrogasac
zjarrfikës
kuhar
kuzhinier
ljekar
mjek
pilot
pilot

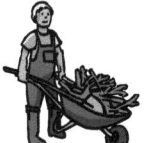

baštovan

kopshtar

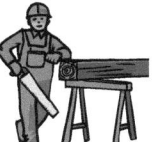

stolar

marangoz

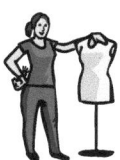

krojačica

rrobaqepëse

sudija

gjykatës

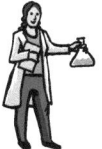

hemičar

kimist

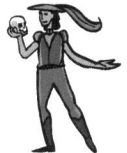

glumac

aktor

vozač autobusa

shofer autobuzi

vozač taksija

taksist

ribar

peshkatar

čistačica

pastruese

krovopokrivač

riparues çatish

konobar

kamarier

lovac

gjuetar

moler

piktor

pekar

furrxhi

električar

elektriçist

građevinski radnik

ndërtues

inženjer

inxhinier

koljač

kasap

limar, vodoinstalater

hidraulik

poštar

postieri

vojnik

ushtar

arhitekta

arkitekt

blagajnik

arkëtar

cvjećar

luleshitës

frizer

berber

kontrolor

kontrollor

mehaničar

mekanik

kapiten

kapiten

zubar

dentist

naučnik

shkencëtar

rabin

rabin

imam

imam

monah

murg

sveštenik

klerik

alat
mjete

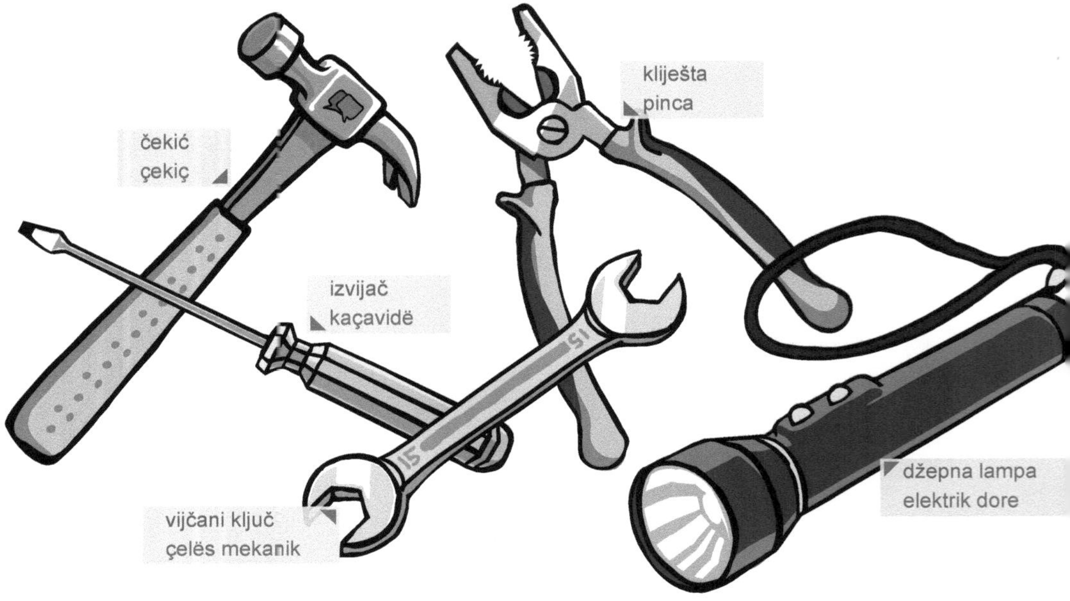

čekić
çekiç
kliješta
pinca
izvijač
kaçavidë
vijčani ključ
çelës mekanik
džepna lampa
elektrik dore

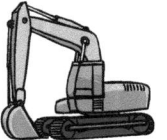

bager

ekskavator

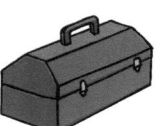

kutija sa alatom

kuti veglash

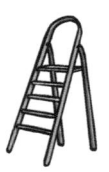

ljestve

shkallë

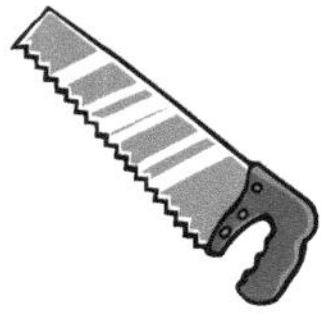

testera, pila

sharrë

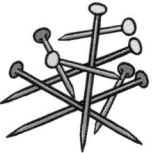

ekser

gozhdë

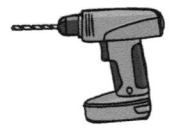

bušilica

trapan

popraviti

riparoj

lopata

lopatë

sranje!

Dreq!

lopatica

kaci

kanta boje

kuti boje

vijak

vidhë

muzički instrumenti
instrumenta muzikorë

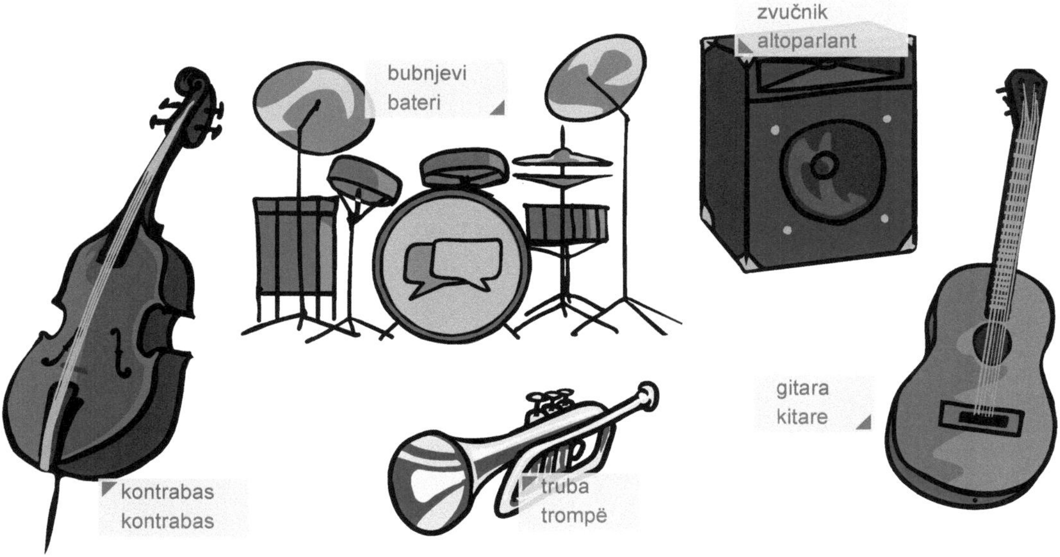

zvučnik
altoparlant

bubnjevi
bateri

gitara
kitare

kontrabas
kontrabas

truba
trompë

klavir

piano

violina

violinë

bas

bas

bubanj timpani

tamburë

bubanj

daulle

sintisajzer

tastierë pianoje

saksofon

saksofon

flauta

flaut

mikrofon

mikrofon

zološki vrt
kopsht zoologjik

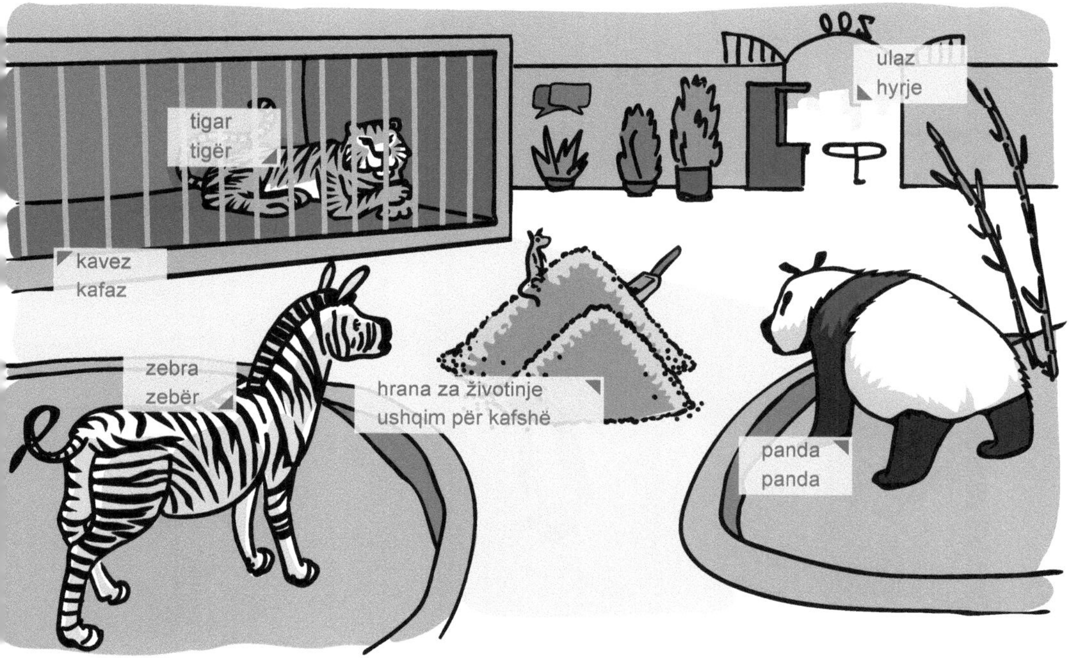

ulaz
hyrje
tigar
tigër
kavez
kafaz
zebra
zebër
hrana za životinje
ushqim për kafshë
panda
panda

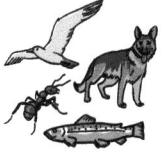

životinje

kafshë

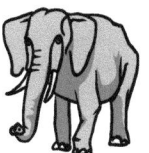

slon

elefant

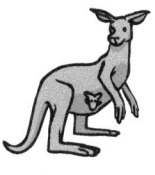

kengur

kangur

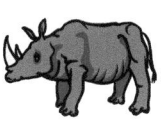

nosorog

rinoceront

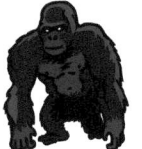

gorila

gorillë

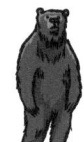

medvjed

ari

kamila

deve

noj

struc

lav

luan

majmun

majmun

flamingo

flamingo

papagaj

papagall

polarni medvjed

ari polar

pingvin

pinguin

morski pas

peshkaqen

paun

pallua

zmija

gjarpër

krokodil

krokodil

čuvar u zološkom vrtu

punonjës i kopshtit zoologjik

tuljan

fokë

jaguar

xhaguar

poni
poni

leopard
leopard

nilski konj
hipopotam

žirafa
gjirafë

orao
shqiponjë

divlja svinja
derr i egër

riba
peshk

kornjača
breshkë

morž
lopë deti

lisica
dhelpër

gazela
gazelë

američki fudbal
futboll amerikan

vožnja bicikla
çiklizëm

tenis
tenis

košarka
basketboll

plivanje
not

boks
boks

hokej na ledu
hokej mbi akull

fudbal	bedminton	laka atletika
futboll	badminton	atletikë
rukomet	skijanje	polo
hendboll	ski	polo

aktivnosti
aktivitet

skakati
hidhem
zagrliti
përqafoj
smijati se
qesh
ići
eci
pjevati
këndoj
sanjati
ëndërroj
moliti
lutem
ljubiti
puth

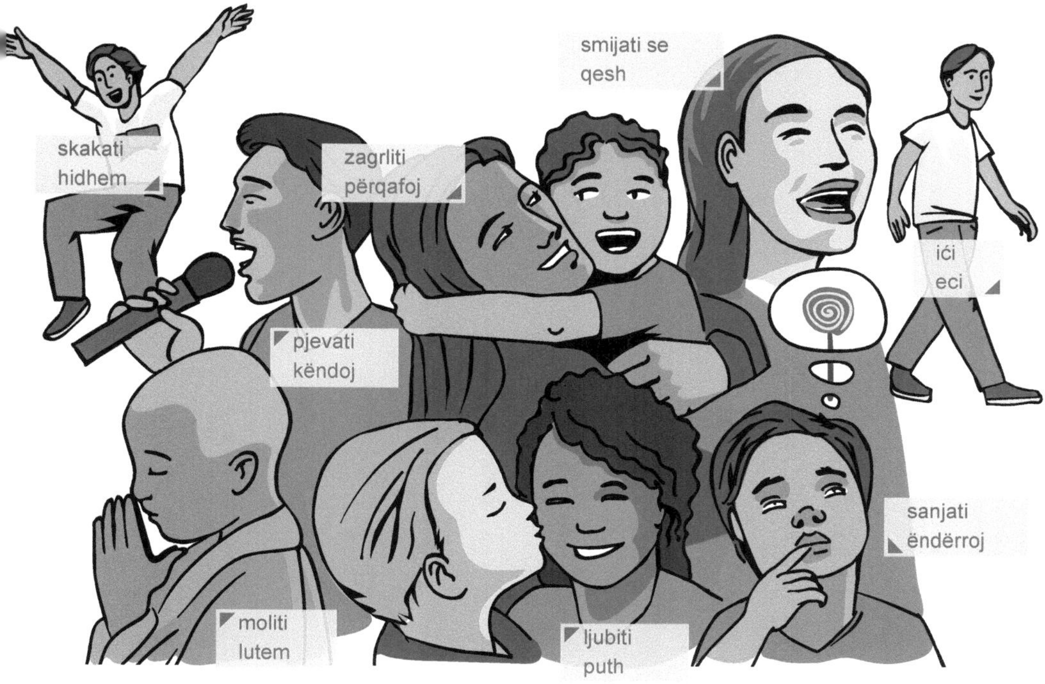

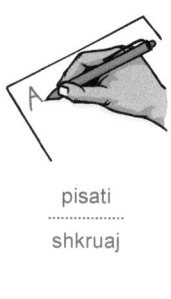

pisati

shkruaj

crtati

vizatoj

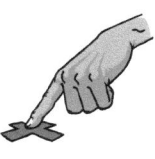

pokazati

tregoj

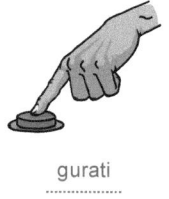

gurati

shtyj

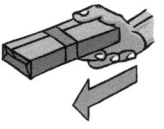

dati

jap

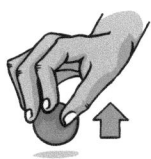

uzeti

marr

imati

kam

raditi

bëj

biti

jam

stajati

qëndroj

trčati

vrapoj

vući

tërheq

baciti

hedh

pasti

bie

ležati

shtrihem

čekati

pres

nositi

mbaj

sjediti

ulem

obući

vishem

spavati

fle

probuditi

zgjohem

pogledati

shikoj

plakati

qaj

milovati

përkëdhel

češljati

kreh

govoriti

bisedoj

razumjeti

kuptoj

pitati

kërkoj

slušati

dëgjoj

piti

pi

jesti

ha

pospremiti

sistemoj

voljeti

dashuroj

kuhati

gatuaj

voziti

drejtoj makinën

letjeti

fluturoj

jedriti

lundroj

računati

llogaris

čitati

lexoj

učiti

mësoj

raditi

punoj

vjenčavti

martohem

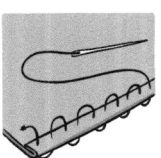

šiti

qep

prati zube

laj dhëmbët

ubiti

vras

pušiti

tymos

slati

dërgoj

porodica
familje

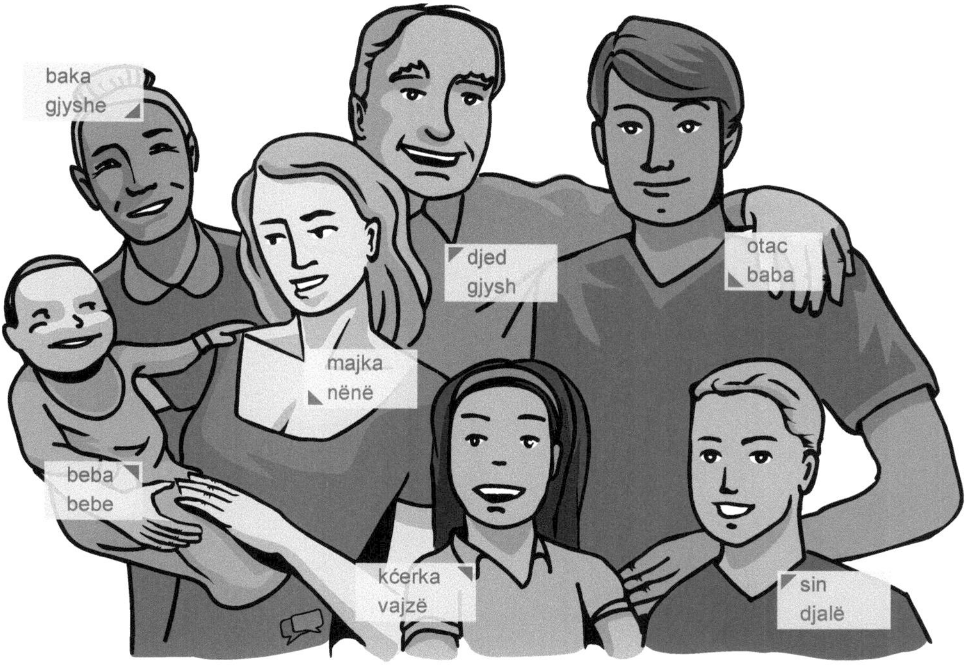
baka
gjyshe
djed
gjysh
otac
baba
majka
nënë
beba
bebe
kćerka
vajzë
sin
djalë

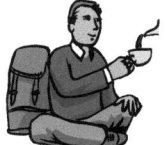

gost

mysafir

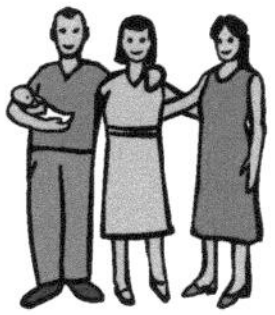

ujna, tetka, strina

teze, hallë

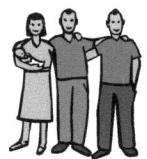

ujak, tetak, stric

dajë, xhaxha

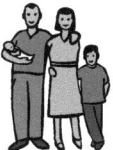

brat

vëlla

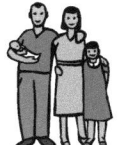

sestra

motër

tijelo
trupi

čelo
balli
oko
syri
leđa
shpatulla
prst
gishti
lice
fytyra
brada
mjekra
ruka, šaka
dora
noga
këmba
grudi
krahërori
ruka
krahu

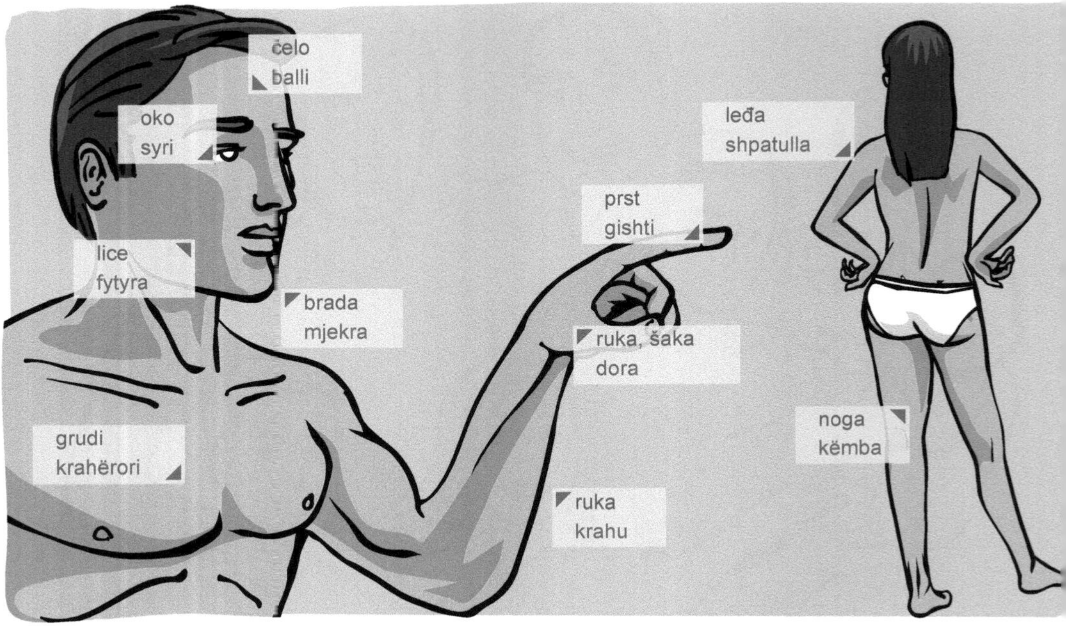

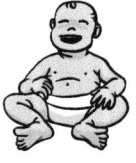

beba
bebe

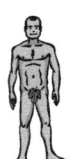

muškarac
burrë

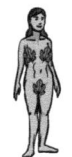

žena
grua

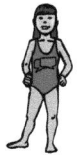

djevojčica
vajzë

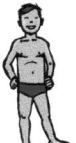

dječak
djalë

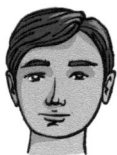

glava
koka

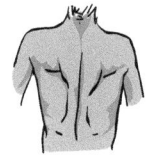

leđa
shpina

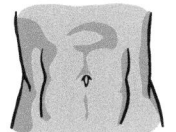

stomak
barku

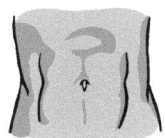

pupak
kërthiza

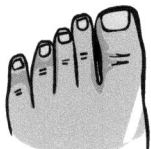

nožni prst
gisht këmbe

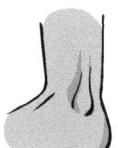

peta
Thembra

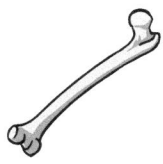

kosti
kockë

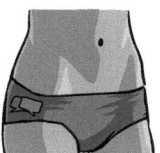

kuk
legeni

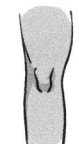

koljeno
gjuri

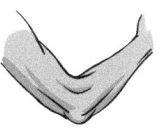

lakat
bërryli

nos
hunda

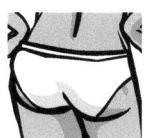

stražnjica
vithe

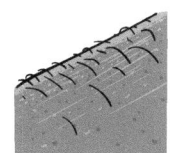

koža
lëkura

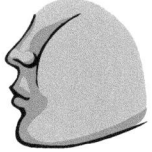

obraz
faqja

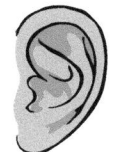

uho
veshi

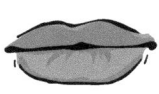

usna
buza

tijelo - trupi

usta

goja

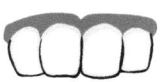

zub

dhëmbët

jezik

gjuha

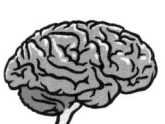

mozak

truri

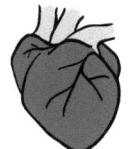

srce

zemra

mišić

muskul

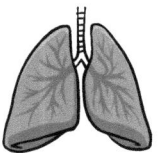

pluća

mushkëria

jetra

mëlçia

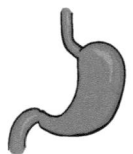

želudac

stomaku

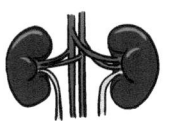

bubreg

veshka

spolni odnos

seks

kondom

prezervativ

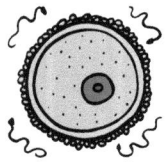

jajna ćelija

veza

sperma

sperma

trudnoća

shtatëzani

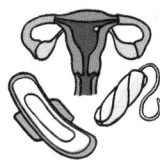

menstruacija
menstruacione

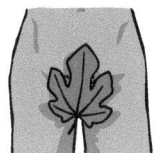

vagina
vagina

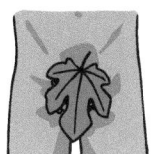

penis
penis

obrva
vetulla

kosa
flokët

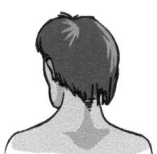

vrat
qafa

bolnica
spital

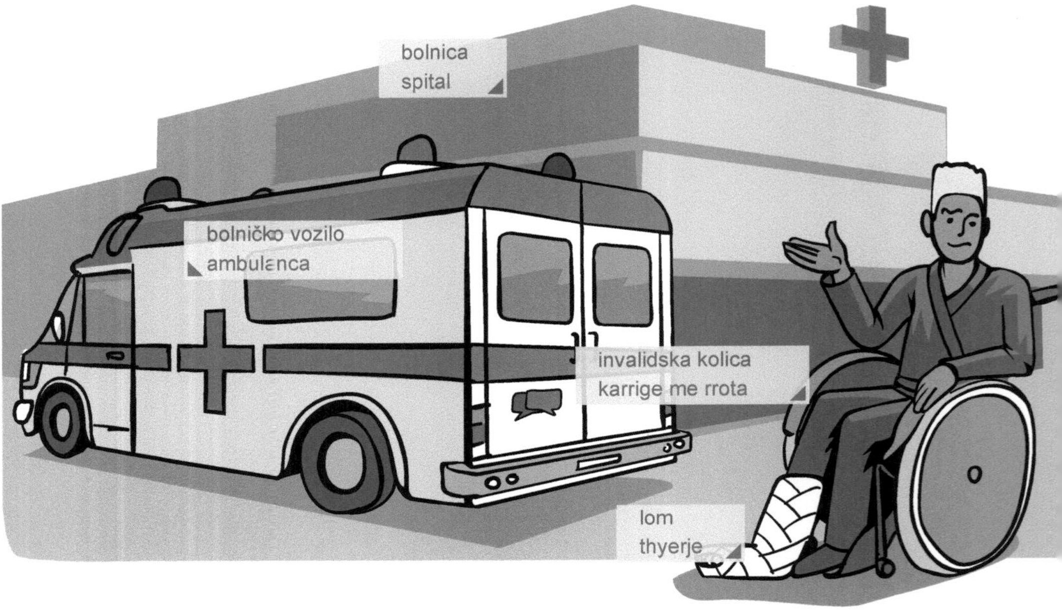

bolnica
spital
bolničko vozilo
ambulanca
invalidska kolica
karrige me rrota
lom
thyerje

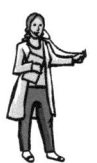

ljekar
mjek

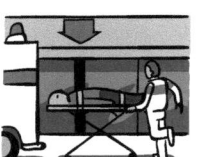

hitna služba
sallë urgjencash

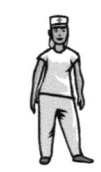

medicinska sestra
infermiere

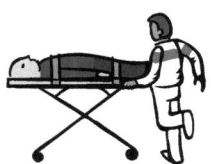

hitna pomoć
emergjencë

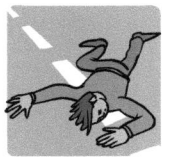

nesvjest
i pandërgjegjshëm

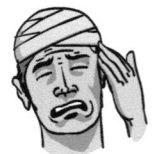

bol
dhimbje

povreda

dëmtim

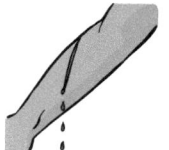

krvarenje

gjakosje

srčani udar, infarkt

infarkt

moždani udar

goditje

alergija

alergji

kašalj

kolla

groznica

ethe

gripa

grip

proljev

diarre

glavobolja

dhimbje koke

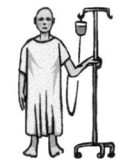

rak

kancer

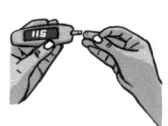

dijabetes

diabet

hirurg

kirurg

skalpel

bisturi

operacija

operacion

CT
CT (skaner)

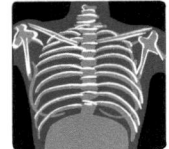

rendgen
radiografi

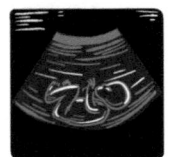

ultrazvuk
ultratingull

maska
maskë fytyre

bolest
sëmundje

čekaonica
dhomë pritjeje

štake
paterica

flaster
leukoplast

zavoj
fasho

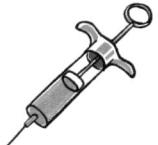

injekcija
injeksion

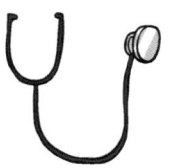

stetoskop
stetoskop

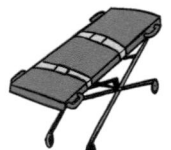

nosilo
barelë

termometar
termometër

porod
lindje

prekomjerna težina, debljina
mbipeshë

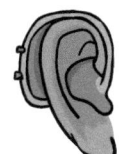

slušni aparat

aparat dëgjimi

sredstvo za dezinfekciju

dezinfektant

infekcija

infeksion

virus

virus

HIV/ AIDS

HIV / AIDS

medicina

mjekësi, mjekim

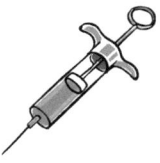

vakcinacija

vaksinim

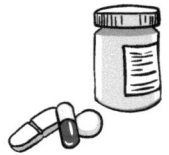

tablete

tableta

pilula

pilulë

hitni poziv

telefonatë emergjence

aparat za mjerenje pritiska

aparat tensioni

bolestan / zdrav

i sëmurë / i shëndetshëm

Upomoć!

Ndihmë!

alarm

alarm

napad, prepad

sulm

napad

atak

opasnost

rrezik

izlaz u slučaju opasnosti

dalje emergjence

Požar!

Zjarr!

vatrogasni aparat

fikëse zjarri

nezgoda

aksident

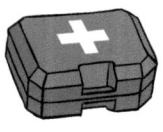

torba prve pomoći

kuti e ndimës së shpejtë

SOS

SOS

policija

policia

Europa

Europa

Sjeverna Amerika

Amerika e Veriut

Južna Amerika

Amerika e Jugut

Afrika

Afrika

Azija

Azia

Australija

Australia

Atlantik

Atlantiku

Pacifik

Paqësori

Indijski okean

Oqeani Indian

Antarktički okean

Oqeani Antarktik

Arktički okean

Oqeani Arktik

Sjeverni pol

Poli i veriut

Južni pol
Poli i Jugut

Antarktik
Antarktida

Zemlja
toka

zemlja
tokë

more
det

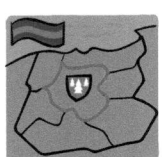

ostrvo
ishull

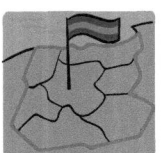

nacija
komb

država
shtet

brojčanik sata

fusha e orës

kazaljka sata

akrepi i orës

kazaljka minute

akrepi i minutave

kazaljka sekunde

akrepi i sekondave

Koliko je sati?

Sa është ora?

dan

ditë

vrijeme

kohë

sada

tani

digitalni sat

orë dixhitale

minuta

minutë

sat

orë

ponedjeljak
e hënë

srijeda
e mërkurë

petak
e premte

utorak
e martë

subota
e shtunë

četvrtak
e enjte

nedjelja
e diel

juče
dje

danas
sot

sutra
nesër

jutro
mëngjes

podne
mesditë

veče
mbrëmje

radni dani
ditë pune

vikend
fundjavë

godina

vit

kiša
shi
duga
ylber
snijeg
borë
vjetar
erë
proljeće
pranverë
jesen
vjeshtë
ljeto
verë
zima
dimër

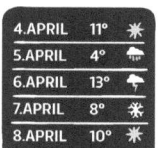

4.APRIL 11°
5.APRIL 4°
6.APRIL 13°
7.APRIL 8°
8.APRIL 10°

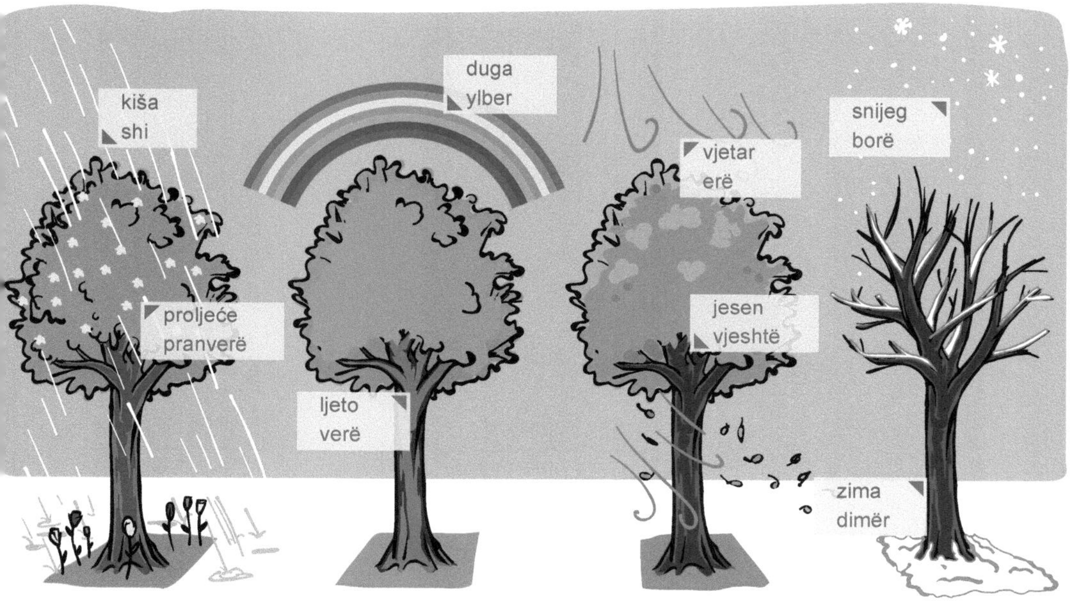

prognoza vremena
parashikimi i motit

F
C
120
90
60
30
0
-30
40
30
20
10
0
-10
-20

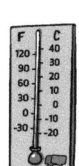

termometar
termometër

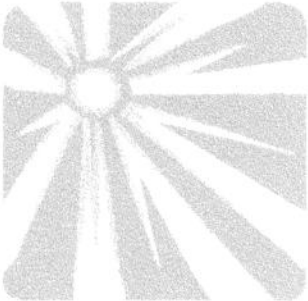

sunčev sjaj
ndriçim dielli

oblak
re

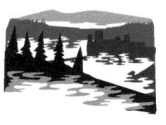

magla
mjegull

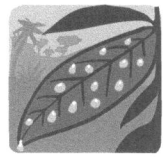

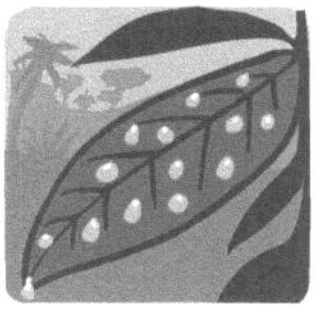

vlažnost vazduha
lagështi

munja

vetëtima

grom

gjëmim

oluja

stuhi

tuča, led

breshër

monsun

muson

poplava

përmbytje

led

akull

januar

janar

februar

shkurt

mart

mars

april

prill

maj

maj

juni

qershor

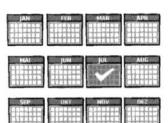

juli

korrik

avgust

gusht

godina - vit

septembar
....
shtator

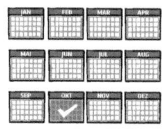

oktobar
....
tetor

novembar
....
nëntor

decembar
....
dhjetor

krug
....
rreth

kvadrat
....
katror

pravougao
....
drejtkëndësh

trougao
....
trekëndësh

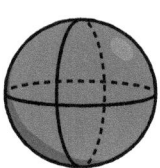

kugla
....
sferë

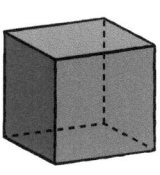

kocka
....
kub

bjel

e bardhë

žut

e verdhë

narandžast

portokalli

pink

rozë

crven

e kuqe

ljubičast

vjollcë

plav

blu

zelen

e gjelbër

smeđ

kafe

siv

gri

crn

e zezë

malo / mnogo

shumë / pak

ljutit / miran

i nevrikosur / i qetë

lijep / ružan

i bukur / i shëmtuar

početak / kraj

fillim / fund

veliki / mali

i madh / i vogël

svijetlo / tamno

i ndritshëm / i errët

brat / sestra

vëlla / motër

čist / prljav

e pastër / e pistë

potpun / nepotpun

e plotë / jo e plotë

dan / noć

ditë / natë

mrtav / živ

gjallë / vdekur

široko / usko

i gjerë / i ngushtë

ukusno / neukusno

i ngrënshëm / i pangrënshëm

zao / prijatan

i keq / i këndshëm

uzbuđen / dosadan

i lumtur / i mërzitur

debeo / mršav

i shëndoshë / i dobët

najprije / najkasnije

e para / e fundit

prijatelj / neprijatelj

mik / armik

pun / prazan

plot / bosh

trvd / mekan

e fortë / e butë

težak / lagan

e rëndë / e lehtë

glad / žeđ

uri / etje

bolestan / zdrav

i sëmurë / i shëndetshëm

ilegalan / legalan

e paligjshme / e ligjshme

inteligentan / glup

i zgjuar / budalla

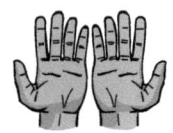

lijevo / desno

majtas / djathtas

blizu / daleko

afër / larg

nov / polovan

e re / e përdorur

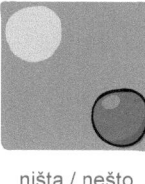

ništa / nešto

asgjë / diçka

star / mlad

i moshuar / i ri

uključeno / isključeno

ndezur / fikur

otvoreno / zatvoreno

hapur / mbyllur

tiho / glasno

i qetë / i zhurmshëm

bogat / siromašan

i pasur / i varfër

tačno / pogrešno

e drejtë / e gabuar

hrapav / glatak

i ashpër / i butë

tužan / srećan

i mërzitur / i lumtur

kratak / dug

i shkurtër / i gjatë

spor / brz

ngadalë / shpejt

mokro / suho

i lagësht / i thatë

toplo / hladno

ngrohtë / freskët

rat / mir

luftë / paqe

0	**1**	**2**
nula	jedan	dva
zero	një	dy

3	**4**	**5**
tri	četiri	pet
tre	katër	pesë

6	**7**	**8**
šest	sedam	osam
gjashtë	shtatë	tetë

9	**10**	**11**
devet	deset	jedanaest
nentë	dhjetë	njëmbëdhjetë

12

dvanaest

dymbëdhjetë

13

trinaest

trembëdhjetë

14

četrnaest

katërmbëdhjetë

15

petnaest

pesëmbëdhjetë

16

šesnaest

gjashtëmbëdhjetë

17

sedamnaest

shtatëmbëdhjetë

18

osamnaest

tetëmbëdhjetë

19

devetnaest

nentëmbëdhjetë

20

dvadeset

njëzetë

100

sto

qind

1.000

hiljada

mijë

1.000.000

milion

milion

engleski

anglisht

američki engleski

anglishte amerikane

kinesko mandarinski

kinezisht mandarin

hindi

hindi

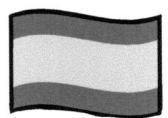

španski

spanjisht

francuski

frëngjisht

arapski

arabisht

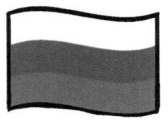

ruski

rusisht

portugalski

portugalisht

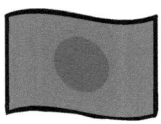

bengalski

bengalisht

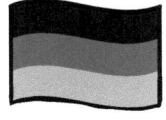

njemački

gjermanisht

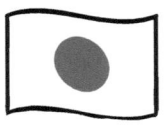

japanski

japonisht

ja
unë

ti
ti

on / ona / ono
ai / ajo

mi
ne

vi
ju

oni
ata

ko?
kush?

šta?
çfarë?

kako?
si?

gdje?
ku?

kada?
kur?

ime
emër

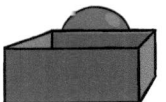

iza
....
pas

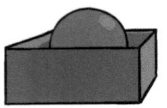

u
....
në

pred
....
përballë

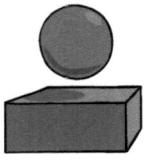

iznad
....
sibër

na
....
mbi

ispod
....
poshtë

pored
....
pranë

između
....
midis

mjesto
....
vend